Coordinación: Ana Doblado

Diseño de cubierta: José Delicado

Artes finales: Fernando San Martín

Ilustraciones: John Francis, Martin Camm,
   Jim Channell, Dick Twinney, Francisco Arredondo,
   José María Rueda, Fernando Fernández, Juan Xarrié,
   Carlos Molinos y Pablo Jurado

Revisión de textos y mapas: Natalia Hernández

© SUSAETA EDICIONES, S.A. - Obra colectiva
Campezo, s/n - 28022 Madrid
Tel.: 913 009 100 - Fax: 913 009 118

ATLAS
de ESPAÑA

con Animales

susaeta

Índice

26 NAVARRA

27 LA RIOJA

28 CANTABRIA

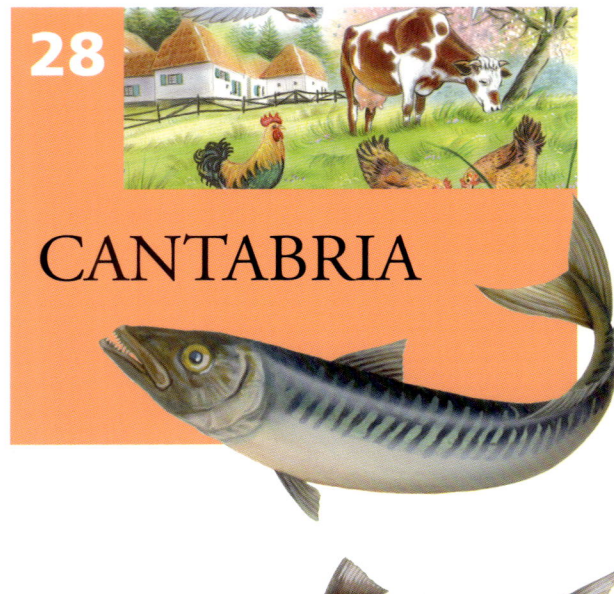

29 PAÍS VASCO

30 CASTILLA Y LEÓN

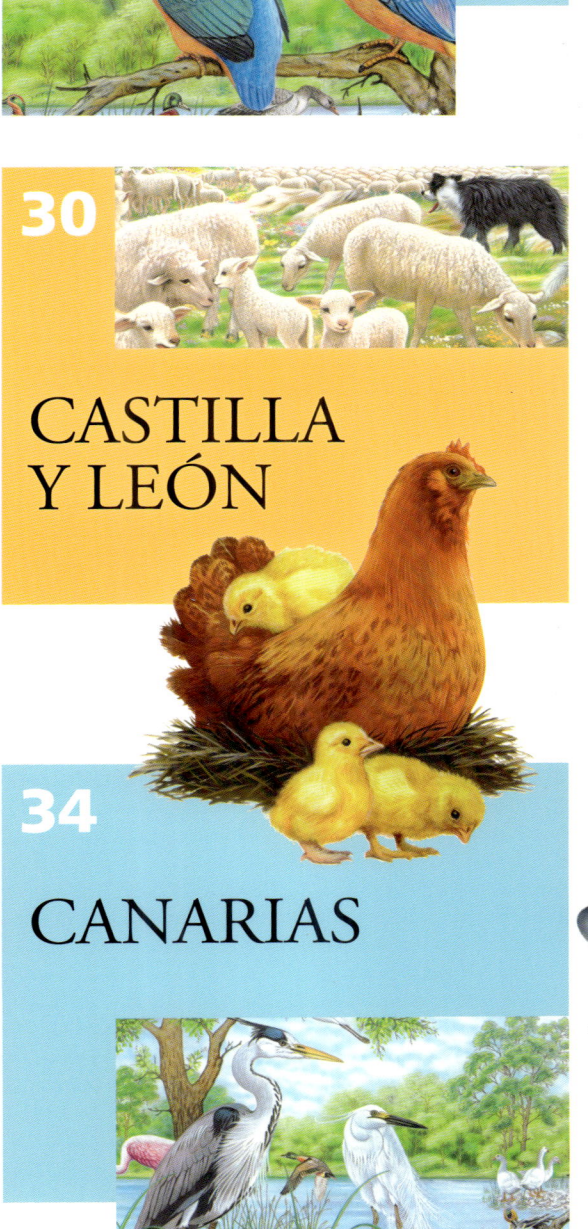

32 ASTURIAS

33 GALICIA

34 CANARIAS

Ceuta / Melilla **35**

Uso de los mapas

A través de los mapas de *Atlas de España con Animales* descubrirás cuál es la fauna característica de cada zona, qué animales viven en las diferentes comunidades autónomas y en qué hábitat se mueven (bosques, valles, mares…).

Cada comunidad autónoma se presenta por medio de un mapa físico-político, en el que aparecen resaltados los límites provinciales, y de un texto introductorio. De esta forma, podrás identificar las ciudades más importantes que componen dicha comunidad y su bandera. Las zonas limítrofes, pertenecientes a otras comunidades autónomas, se distinguen por su color blanco. Conocerás dónde habitan los animales más característicos, así como los cultivos y los recursos económicos que sustentan a la población en cada rincón de España.

Las últimas páginas del libro presentan un recorrido por los trece Parques Nacionales españoles. Su fauna y su flora, tan rica y variada, son motivo de orgullo para todos.

Montañismo

Escorpión

Berenjena

Tomates

Fruta

Almería

Cabo de Gata

Para descifrar el significado de los símbolos que aparecen en los mapas de este atlas, así como los diferentes tipos de rotulación, te ofrecemos las siguientes indicaciones:

Líneas

~~	frontera entre países
~~	límite entre las comunidades autónomas dentro del Estado español
~~	río
~~	zona pantanosa, humedales
~~	lago

Paisajes

▬	zona montañosa (a mayor intensidad de color, mayor altitud)
▬	vegetación (la intensidad del color indica bosques)
▬	mar u océano (más claro el color en las zonas menos profundas)

Rótulos

PORTUGAL	país
CEUTA ESPAÑA	territorio dependiente y país al que pertenece
■ MADRID	capital del país
● Murcia	ciudad importante
▲ Mulhacén	montaña de gran altitud
OCÉANO ATLÁNTICO	océano
MAR DE ALBORÁN	mar
Isla de Ibiza	isla
Segura, E. de Bornos	río, embalse

Banderas autonómicas

Para que no tengas ninguna duda de cuáles son los símbolos que representan a nuestras comunidades autónomas, te mostramos sus banderas, en forma circular, como si fueran pines.

Datos y curiosidades

Para ampliar la información, te ofrecemos en pequeños cuadros algunos datos y curiosidades de las autonomías: las ciudades más importantes, los ríos, la superficie, la población, etc.

DATOS Y CURIOSIDADES

Grandes ciudades
Sevilla, Málaga, Córdoba, Granada, Huelva, Cádiz, Jaén, Almería

Río más largo
Guadalquivir: 657 km

Montaña más alta
Mulhacén: 3.482 m

Superficie
Total: 87.268 km²
Relativa: 17,2% de España

Población
Total: 7.849.799 hab
Relativa: 17,8% de España

Ahora que ya conoces las herramientas necesarias para utilizar el atlas, es el momento de emprender el fascinante viaje por España que te propone. Disfruta del itinerario y aprende nuevos datos sobre tu tierra y tus amigos los animales.

Dibujos rotulados

Los pequeños dibujos que aparecen en los mapas son una importante fuente de información, ya que representan las diversas especies de animales que podemos encontrar en cada región y nos ofrecen la posibilidad de conocer los recursos de que disponen los seres humanos para vivir en esos mismos lugares: pesca, fruta, ganado, madera, gas, petróleo, minerales…

Sardina

Gallina

Cerdo

Uvas

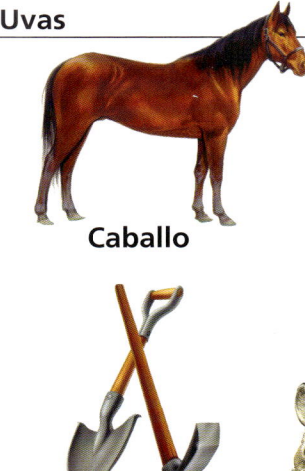
Caballo

Caballa

Minería

Conejo

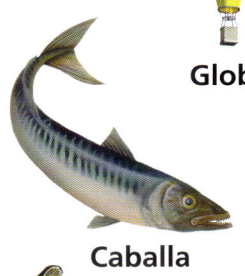
Globo

Gamba

Naranjas

Trasatlántico

GALICIA

ASTURIAS

CANTABRIA

PAÍS VASCO

NAVARRA

LA RIOJA

CASTILLA Y LEÓN

ARAGÓ

MADRID

EXTREMADURA

CASTILLA-
LA MANCHA

C. VA

MURCIA

ANDALUCÍA

Ceuta

Meli

ESPAÑA
un país de
COMUNIDADES

La gran diversidad de animales, plantas, climas, paisajes y lenguas que existen en España hacen de nuestro país un territorio de una enorme riqueza natural y cultural. Esta variedad de paisajes (valles, ríos, zonas desérticas, bosques, playas, montañas...) y especies de animales dentro de nuestras fronteras convierte a España en un país de contrastes.

CATALUÑA

BALEARES

NCIANA

CANARIAS

ANDALUCÍA

Huelva
Sevilla
☐ Sevilla
Córdoba
Jaén
Granada
Almería
Málaga
Cádiz

ARAGÓN

Huesca
Zaragoza☐
Zaragoza
Teruel

PRINCIPADO DE ASTURIAS

☐ Oviedo
Asturias

CANTABRIA

☐ Santander
Cantabria

CASTILLA-LA MANCHA

Guadalajara
Toledo☐
Toledo
Cuenca
Ciudad Real
Albacete

CASTILLA Y LEÓN

León
Burgo
Palencia
Zamora
Valladolid
Valladolid☐
Segovia
Salamanca
Ávila

COMUNIDAD VALENCIANA

Castellón
☐ Valencia
Valencia
Alicante

EXTREMADURA

Cáceres
☐ Mérida
Badajoz

GALICIA

☐ La Coruña/ A Coruña
La Coruña/ A Coruña
Lugo
Pontevedra
Orense

REGIÓN DE MURCIA

Murcia☐
Murcia

COMUNIDAD FORAL DE NAVARRA

☐ Pamplona
Navarra

PAÍS VASCO

Vizcaya
Guipúzo
Álava
☐ Vitoria

ISLAS BALEARES

CATALUÑA

COMUNIDAD DE MADRID

LA RIOJA

los MAPAS

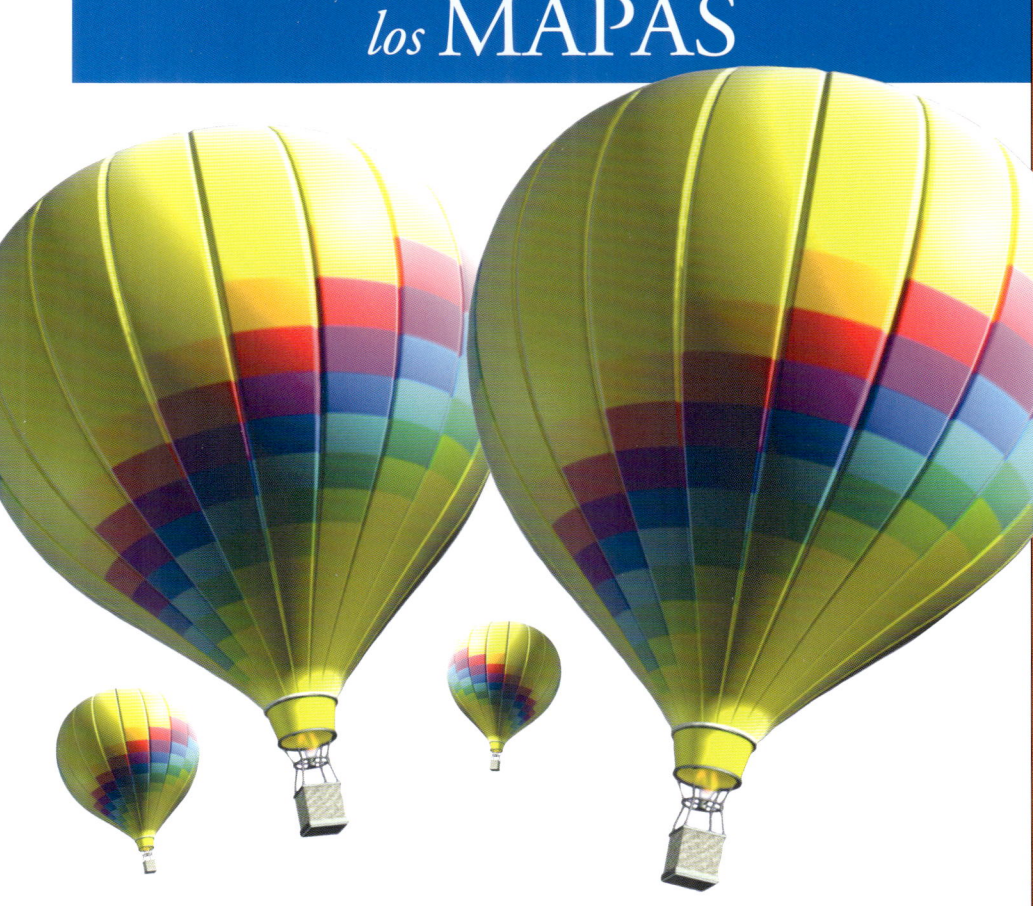

17 COMUNIDADES
y 2 ciudades autónomas

España tiene 17 comunidades (Andalucía, Aragón, Principado de Asturias, Islas Baleares, Canarias, Cantabria, Castilla-La Mancha, Castilla y León, Cataluña, Comunidad Valenciana, Extremadura, Galicia, Comunidad de Madrid, Región de Murcia, Comunidad Foral de Navarra, País Vasco y La Rioja) y 2 ciudades autónomas, que son Ceuta y Melilla.

CANARIAS

Ceuta

Melilla

El lince ibérico

Está en grave peligro de extinción. En la actualidad parece estar limitado al Sur de la península Ibérica.

Caballos

Domesticados desde la antigüedad, los caballos son animales muy nobles que han sido utilizados por el hombre para la monta (como el árabe y el andaluz), el tiro de carruajes, las labores del campo, etcétera.

Aceite

Zorro

Lince

Zújar

S i e r r a   M o r e n a

Guadalmez

Bembézar

E. de Puente Nuevo

E. de Bembézar

Aceite

Córdoba

Turismo

Refinería de petróleo

Cerdo

Aceite

Toro

Guadalquivir

Écija

Agricultura

Conejo

Aceite

Jaé

Huelva

Sevilla

Aceite

Guadiamar

Guadalquivir

R. de Huelva

Utrera

Morón de la Frontera

E. de Iznájar

C o s t a   d e   l a   L u z

Gamba

Vides

Sanlúcar de Barrameda

E. de Bornos

Antequera

Guadalhorce

S i s t e m a s   B é

348.

Golfo de Cádiz

Jerez de la Frontera

Guadalete

Vides

El Puerto de Santa María

Cádiz

San Fernando

▲ 1654
Pinar

Serranía de Ronda

▲ 1919
Torrecilla

Málaga

Mon

Atún

Agricultura

Sardina

C o s t a   d e

Delfines

Algeciras

La Línea

Gibraltar (R.U.)

Cabo Trafalgar

Tarifa

Turismo

MAR DE A

Atún

Estrecho de Gibraltar

Ceuta (España)

Tánger   MARRUECOS

Tiburón

Sardina

El toro de lidia

Se cría unicamente para participar en festivales taurinos. De grandes cuernos y enorme fuerza, sus 600 o 700 kg de peso no le impiden tener una gran agilidad.

ANDALUCÍA

Andalucía es una de las regiones con mayor riqueza natural de Europa. Situada al Sur de la península Ibérica, entre el océano Atlántico y el mar Mediterráneo, posee tres variedades de paisaje: de montaña, como la cordillera Penibética, en la que destacan Sierra Nevada y el Mulhacén (considerado el pico más alto de Andalucía); de llanuras y valles, como la depresión del Guadalquivir, y de costa, con playas de una gran belleza natural. El clima mediterráneo que goza gran parte de su territorio se caracteriza por tener veranos largos y calurosos e inviernos cortos y fríos. En cuanto a la fauna, cabría destacar la presencia de jabalíes, muflones, aves rapaces y migratorias, gamos y linces.

DATOS Y CURIOSIDADES

Grandes ciudades
Sevilla, Málaga, Córdoba, Granada, Huelva, Cádiz, Jaén, Almería

Río más largo
Guadalquivir: 657 km

Montaña más alta
Mulhacén: 3.482 m

Superficie
Total: 87.268 km^2
Relativa: 17,2% de España

Población
Total: 7.849.799 hab.
Relativa: 17,8% de España

Todos los datos de estos recuadros están referidos al 1 de enero de 2005 (Instituto Nacional de Estadística).

Map labels

Guadalmena
E. de Guadalmena
ricultura
e Gualadén
Guadalimar
nares
Montañismo
E. del Tranco
Sierra de Segura
Segura
2380 Sagra
2028 Pto. de Tiscar
Guadiana Menor
Mágina
E. del Negratín
Escorpión
Berenjena
Almanzora
2168 Calar Alto
nada
Tomates
a Nevada
Cerámica
Almería
Golfo de Almería
Cabo de Gata
ol
ORÁN
Turismo
Isla de Alborán
Tiburón
Fruta

Delfines

Viven en grupos y son muy sociables. Les encanta jugar y son excelentes nadadores.

DATOS Y CURIOSIDADES

Grandes ciudades
Albacete, Toledo, Ciudad Real, Cuenca, Guadalajara

Ríos importantes
Guadiana, Tajo, Júcar

Superficie
Total: 79.463 km^2
Relativa: 15,7% de España

Población
Total: 1.894.667 hab.
Relativa: 4,30% de España

Ovejas

Del ganado ovino se obtiene carne, lana y leche.
El queso manchego, producto típico de nuestra gastronomía, está elaborado únicamente a partir de leche de ovejas de raza manchega, que pueden ser blancas o negras.

Gallo

Tanto su aspecto majestuoso como su gran cresta tienen como finalidad atraer a la hembra para el apareamiento. Los espolones de las patas son muy útiles para luchar contra otros machos del corral.

Gredos

Cabra

Talavera de la Reina — *Alberche*

Vides

Tajo

Montes de Toledo — Toledo

Encina

Encina

Aceite

Guadiana

Cerdo

Ciudad Real

Oveja

Valdepeñas — Vid

Puertollano

S i e r r a   M o r e n a

Guadalmez — *Jabal*

Agricultura

Gallina y pollitos

Estas aves de corral se crían por su carne y sus huevos. Además, sus excrementos se pueden usar para abonar las plantas. Las gallinas de cría intensiva son capaces de poner 300 huevos al año.

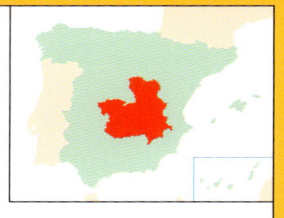

CASTILLA-LA MANCHA

La naturaleza ha obsequiado a esta comunidad castellano-manchega con zonas de gran belleza, convertidas en la actualidad en espacios protegidos para su preservación.

Se distinguen dos tipos de paisaje: una gran llanura con poco relieve, donde destacan los Montes de Toledo, y la montaña, con sierras importantes, como Gredos. También hay frondosos bosques que dan cobijo a especies animales muy variadas, algunas de ellas en grave peligro de extinción, como el lince y el lobo ibérico. Posee un clima con temperaturas extremas y precipitaciones poco abundantes.

Pero si hay algo característico del paisaje manchego son los molinos de viento, inmortalizados por Cervantes en la novela *Don Quijote de la Mancha.*

Zorro

Henares

Tajuña

Tajo

● Guadalajara

E. de Entrepeñas

Guadiela

Bosques

E. de Buendía

Júcar

Cabriel

Vides

● Cuenca

Záncara

Turismo

Oveja

E. de Alarcón

E. de Contreras

Cabriel

Vides

Tomelloso

Limones

Agricultura

Júcar

● Albacete

Gallo

Guadalmena

Avellanas

Cerdo

ena

Montañismo

Tomates

Segura

Víbora

Esta serpiente de cabeza triangular y aplastada se camufla con facilidad entre las piedras y las hojas.
Es muy venenosa, pero solo ataca al hombre cuando se encuentra acorralada.

EXTREMADURA

El paisaje extremeño tiene un protagonista principal: el agua. Extremadura, horadada por dos grandes ríos, el Tajo y el Guadiana, alberga también una completa red de pantanos y embalses. En esta tierra de veranos calurosos y secos, e inviernos suaves, se elaboran buenos vinos, y en sus encinares se crían los cerdos que nos darán un riquísimo jamón de bellota.

El cerdo

Procede del jabalí. Es un animal muy resistente, come de todo y se reproduce con rapidez. Además, todas las partes de su cuerpo son aprovechables.

Conejos

Los conejos forman pequeños grupos familiares y viven en madrigueras.

DATOS Y CURIOSIDADES

Grandes ciudades
Badajoz, Cáceres, Mérida

Ríos importantes
Tajo, Guadiana

Superficie
Total: 41.634 km²
Relativa: 8,20% de España

Población
Total: 1.083.879 hab.
Relativa: 2,46% de España

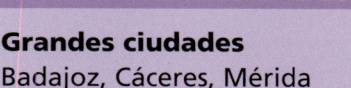

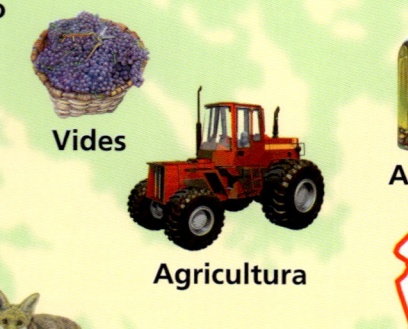

1732
Peña de Francia

1492
Sierra de Gata

Erges

E. de Gábriel y Galán

Vides

E. de Valdeobispo

Vides

Plasencia

E. de Alcántara

Tajo

Tajo

Encina

Encina

Conejo

Cáceres

E. de Valdecañas

Vides

Cerdo

Encina

Lince

Cerdo

Vides

Vides

Embalse de Cijara

Toro

Badajoz

Conejo

Mérida

Don Benito

Guadiana

Vides

Embalse del Zújar

Aceite

Vides

Cerdo

Aceite

Agricultura

Aceite

Zújar

Encina

Aceite

Zorro

DATOS Y CURIOSIDADES

Grandes ciudades
Madrid, Alcalá de Henares, Aranjuez, Leganés, Getafe

Ríos importantes
Manzanares, Jarama, Alberche

Superficie
Total: 8.028 km²
Relativa: 1,60% de España

Población
Total: 5.964.143 hab.
Relativa: 13,52% de España

La rana

Es totalmente invisible entre el follaje, pues tiene la propiedad de cambiar rápidamente de color pasando del verde al gris e incluso al pardo. Se alimenta de arañas y pequeños insectos.

MADRID

La Comunidad de Madrid consta de 179 municipios y ocupa un lugar central en la península Ibérica. La zona Norte y Oeste, fundamentalmente ganadera, presenta frondosos bosques de alta montaña en las sierras de Guadarrama y Somosierra. La actividad agraria se lleva a cabo en el Sur, en las llanuras y verdes vegas cercanas a las cuencas del Tajo y sus afluentes: Manzanares, Jarama y Alberche. Madrid capital y las ciudades más cercanas que la rodean –llamadas *ciudades dormitorio*– forman un enorme complejo urbano donde vive el 80% de la población madrileña.

Las ardillas

Estos pequeños y ágiles mamíferos viven fundamentalmente en árboles localizados en zonas de baja montaña. Se alimentan de todo tipo de semillas, pero también de nueces, avellanas, brotes u hongos.

Palmeras

Vides

Palmeras

Cruceros

Vides

Castellón de la Plana

Oveja

E. de Contreras

E. de Loriguilla

Limones

Naranjas

Sagunto

Pez globo

Islas Columbretes

Golfo de Valencia

Gabriel

Gallina

Vides

Júcar

Turia

Valencia

Caballito de mar

Naranjas

Alcira

Gamba

Vides

Naranjas

Gandía

Avellanas

Alcoy

Fruta

Cabo de la Nao

Elda

Naranjas

Palmeras

Alicante

Elche

Costa Blanca

Orihuela

Palmeras

Gamba

Turismo

DATOS Y CURIOSIDADES

Grandes ciudades
Valencia, Alicante, Castellón de la Plana, Elche, Alcoy

Ríos importantes
Júcar, Turia

Superficie
Total: 23.255 km^2
Relativa: 4,60% de España

Población
Total: 4.692.449 hab.
Relativa: 10,64% de España

Gamba
Su cuerpo, alargado y de color rosa pálido, termina en una cola en forma de abanico que le permite moverse hacia atrás con rapidez en los fondos arenosos donde vive.

COMUNIDAD VALENCIANA

Situada al este de la península Ibérica, esta comunidad combina una zona interior montañosa, pues forma parte del Sistema Ibérico y de la cordillera Subbética, y una llanura litoral formada por un atractivo y turístico conjunto de islas, cabos, lagunas y extensas playas. El clima templado de la región propicia el cultivo de frutas y hortalizas. De ahí que la Comunidad Valenciana sea internacionalmente conocida por la calidad de sus cítricos y por sus arrozales.

MURCIA

Esta comunidad uniprovincial se caracteriza por poseer un relieve poco pronunciado en el interior y un litoral de playas arenosas en el que destaca el Mar Menor, laguna poco profunda y muy salina. Presenta un clima mediterráneo, pero con pocas lluvias y veranos largos y calurosos. Por este motivo, gran parte de los cultivos de hortalizas y frutas tienen lugar en invernaderos. Murcia es la huerta de España y de Europa.

La tortuga y su caparazón

La tortuga mediterránea es de color pardo y habita en campos y jardines. Se encierra en su caparazón si intuye peligro.

DATOS Y CURIOSIDADES

Grandes ciudades
Murcia, Cartagena

Ríos importantes
Segura

Superficie
Total: 11.313 km^2
Relativa: 2,20% de España

Población
Total: 1.335.792 hab.
Relativa: 3,03% de España

Turismo
Avellanas
Vides
Gallina
Conejo
Vides
Segura
Cabra
2001 Revolcadores ▲
Tomates
Vides
Agricultura
Tortuga
Berenjena
Murcia
Berenjena
Vides
Palmeras
Gamba
Vides
Pimientos
Limones
Cerámica
Tomates
Guadalentín
Mar Menor
Lorca
Limones
Fruta
Cartagena
Naranjas
Tomates
Cabo de Palos
Golfo de Mazarrón
Langostino
Pesca

Langostino

Este crustáceo que puede llegar a medir hasta 20 cm de longitud vive cerca de la costa y es muy apreciado desde el punto de vista culinario.

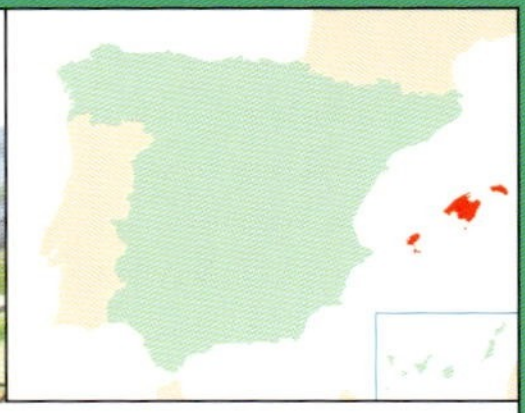

ISLAS BALEARES

Consideradas «el paraíso del Mediterráneo», están situadas frente a las costas de Valencia y Cataluña, y forman un archipiélago, es decir, un conjunto de islas e islotes. Las islas más cercanas a la Península son Ibiza, a solo 85 km, y Formentera, y la más lejana, Menorca. En el centro del archipiélago se encuentran Mallorca y Cabrera. Esta última forma a su vez un archipiélago que fue declarado en 1991 Parque Nacional Marítimo Terrestre. Las Baleares gozan de un clima que propicia la afluencia masiva de turistas durante prácticamente todas las estaciones del año.

MAR MEDITERRÁNEO

Cruceros

Cabo de Formentor

Cerámica

Menorca

1445
Puig Major ▲

Caballito de mar
También llamado hipocampo, este singular pez es capaz de nadar erguido. Su cola prensil le permite enroscarse alrededor de plantas o rocas submarinas. Se alimenta principalmente de crustáceos minúsculos.

Sapo

Palma de Mallorca ●

Palmeras

Mallorca

Turismo

Caballito de mar

Cabo de ses Salines

Turismo

Ibiza

Oveja

Turismo

Cabrera

ISLAS BALEARES

Formentera

Cabo de Berbería

Los murciélagos
Estos mamíferos se orientan gracias a que poseen un sistema de radar natural. Se alimentan fundamentalmente de insectos, frutas y flores, aunque algunas especies ingieren peces o la sangre de sus víctimas.

Cruceros

DATOS Y CURIOSIDADES

Grandes ciudades
Palma de Mallorca

Superficie
Total: 4.992 km^2
Relativa: 1,00% de España

Población
Total: 983.131 hab.
Relativa: 2,23% de España

Pez globo

Grandes ciudades
Barcelona, Tarragona, Lérida, Gerona, Hospitalet, Badalona

Ríos importantes
Ebro

Superficie
Total: 32.114 km^2
Relativa: 6,30% de España

Población
Total: 6.995.206 hab.
Relativa: 15,86% de España

Escorpiones
Están considerados como verdaderos «fósiles vivientes» debido a que, aunque vivían ya en tiempos remotos, han evolucionado muy poco.

3404
Pico de Aneto

Ciervo

Montañismo

P i r i

Noguera

Segre

Sierra del Cadí

n e o s

Cabra

Zorro

Aceite

Cerdo

Manresa

Turismo

Aceite

Golfo de Rosas

Gerona/
Girona

Cabo de Begur

Vides

Vides

Vides

Vides

Lérida/
Lleida

Gallina

Tarrasa

Sabadell

Matará

Segre

Vides

Vides

Aceite

Villanueva
y Geltrú

Badalona

Barcelona

Hospitalet

Pez globo
Este curioso pez tiene el cuerpo cubierto de espinas. Cuando se siente amenazado, se hincha como un globo y produce una sustancia venenosa.

Turismo

Aceite

Reus

Tarragona

Ebro

1182
L'Espina

Vides

Golfo de San Jorge

Cabo de Tortosa

Pez globo

Turismo

Langostino

Cruceros

CATALUÑA

En esta comunidad se distinguen tres zonas: al norte, los Pirineos, que son la frontera natural con Francia; en la costa, la región mediterránea, con sus playas, calas y acantilados, y entre ambos dominios, encontramos una zona de fértiles valles surcada por los cauces de los ríos que nacen en los Pirineos y confluyen en el río Ebro, el más caudaloso de España. Cataluña posee, por tanto, una vegetación y un clima muy diversificados. La industria se concentra alrededor de Barcelona. En las cuatro provincias catalanas se habla castellano y catalán.

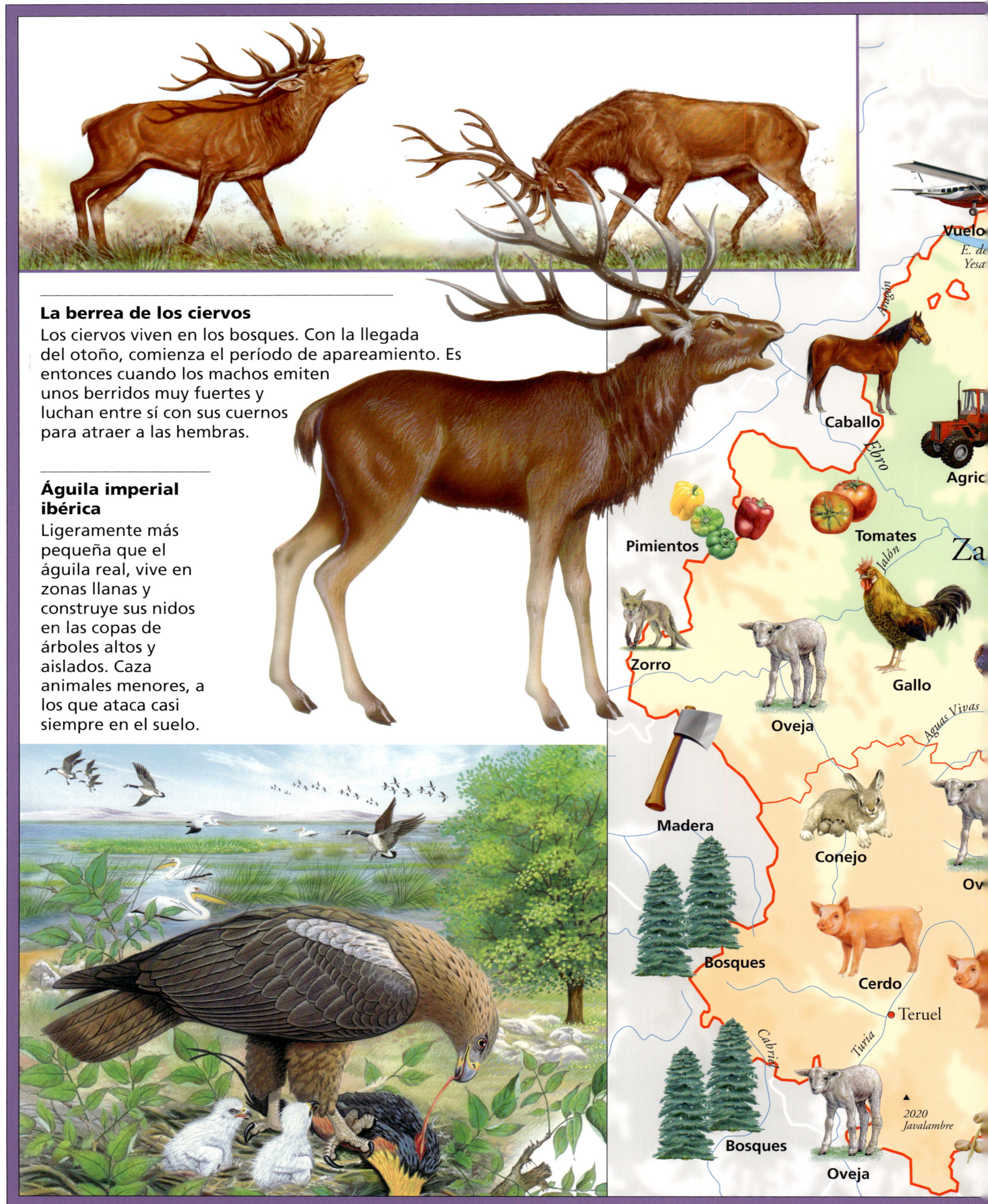

La berrea de los ciervos

Los ciervos viven en los bosques. Con la llegada del otoño, comienza el período de apareamiento. Es entonces cuando los machos emiten unos berridos muy fuertes y luchan entre sí con sus cuernos para atraer a las hembras.

Águila imperial ibérica

Ligeramente más pequeña que el águila real, vive en zonas llanas y construye sus nidos en las copas de árboles altos y aislados. Caza animales menores, a los que ataca casi siempre en el suelo.

Vuelo

E. de Yesa

Aragón

Ebro

Caballo

Agric

Tomates

Pimientos

Jalón

Za

Zorro

Gallo

Oveja

Aguas Vivas

Madera

Conejo

Ov

Bosques

Cerdo

Teruel

Cabri

Turia

2020 Javalambre

Bosques

Oveja

Las grandes alas del buitre

Gracias a sus enormes alas, el buitre puede volar durante horas a gran altura aprovechando las corrientes de aire caliente en busca de comida. Caza de día y se alimenta de carroña.

Bosques

Pirineos

3355
Monte Perdido

Montañismo

Ciervo

3404
Pico de Aneto

Aragón

Cerdo

2077
Sa. de Guara

E. de Mediano

E. de El Grado

Cabra

Huesca

Berenjena

Gallina

Agricultura

Cinca

oza

Gallina

Tomates

Pimientos

Turismo

Ebro

Martín

Berenjena

Vides

Guadalope

Palmeras

Naranjas

Turismo

lmeras

ARAGÓN

Esta comunidad autónoma posee una gran riqueza paisajística, debido a la variedad del terreno y a la diversidad climática. En la zona norte encontramos los únicos glaciares –lugares donde se acumula nieve todo el año– que quedan en España, y también destaca el pico Aneto, que es el más alto de los Pirineos; la zona central corresponde al valle del Ebro, y en la zona sur resaltan las sierras de la cordillera Ibérica. El clima, frío, húmedo y ventoso en el norte, es muy seco en las zonas central y sur. Tanta diversidad provoca que Aragón tenga muchos espacios naturales protegidos, entre ellos destaca el Parque Nacional de Ordesa y Monte Perdido.

DATOS Y CURIOSIDADES

Grandes ciudades
Zaragoza, Huesca, Teruel

Ríos importantes
Ebro

Superficie
Total: 47.719 km²
Relativa: 9,40% de España

Población
Total: 1.269.027 hab.
Relativa: 2,88% de España

El jabalí

Este mamífero, semejante al cerdo doméstico, tiene un gran olfato y oído, de los que se sirve para localizar comida bajo tierra durante la noche. Su pelaje, por lo general, es de color pardo negruzco, aunque es posible encontrar jabalíes en tonos rojizos o amarillentos. Vive en zonas boscosas y solitarias.

El pájaro carpintero
Con su fuerte pico, golpea en el tronco del árbol hasta hacer un agujero en el que depositar los huevos. Se alimenta de insectos y bellotas.

NAVARRA

Frente a la Navarra de montaña, situada en el Pirineo occidental, donde los inviernos son largos y fríos, la zona sur de la comunidad disfruta de un clima suave y seco que permite el desarrollo de una agricultura de secano (cereales, vid y olivo) altamente tecnificada. Los extensos bosques navarros, con especies como el abeto, el pino, el haya y el roble, ofrecen a los habitantes de esta región un recurso natural muy apreciado, la madera, con la que fabrican muebles, papel y corcho.

Vacas
Caballo
Gallina
Pamplona
Bosques
Madera
Bosques
Vides
Madera
Erizo
E. de Yesa
Ebro
Arga
Aragón
Vides
Cerdo
Vides
Las Bardenas
Vides
Ebro
Agricultura

El goloso tejón
Sus fuertes patas le sirven para excavar madrigueras donde refugiarse. Se alimenta de frutos, raíces, lombrices e insectos, pero también adora la miel, que consigue atacando las colmenas.

DATOS Y CURIOSIDADES

Grandes ciudades
Pamplona

Ríos importantes
Ebro, Bidasoa

Superficie
Total: 10.391 km²
Relativa: 2,10% de España

Población
Total: 593.472 hab.
Relativa: 1,35% de España

DATOS Y CURIOSIDADES

Grandes ciudades
Logroño

Ríos importantes
Ebro, Alhama

Superficie
Total: 5.045 km^2
Relativa: 1,00% de España

Población
Total: 301.084 hab.
Relativa: 0,68% de España

Vides

Vides

Vides

Vides

Sistema

Bosques

Vides

Logroño

Gallina

Vides

Ebro

Lobatos o lobeznos
Son las crías de los lobos. Aprenden a aullar mucho antes que a cazar para comunicarse con el resto de la jauría.

Montañismo

Caballo

Corderos

Ibérico

2228 ▲
Sierra de Urbión

2142 ▲

Cidacos

Vides

Vides

Pimientos

Vides

Alhama

Lobo

LA RIOJA

Formada por una sola provincia, esta comunidad se enmarca entre el valle del Ebro y el Sistema Ibérico. Los municipios más habitados son los que se encuentran en la depresión del Ebro. La abundancia de agua de estos territorios propicia el cultivo de frutas y hortalizas. La Rioja es famosa en todo el mundo por sus excelentes vinos, elaborados a partir del zumo extraído de las siete variedades de uva con Denominación de Origen que se cultivan en la región.

La nocturna lechuza
La lechuza es una rapaz que caza por la noche, gracias a su extraordinaria vista y oído. Suele encaramarse a una rama para vigilar con atención y cuando ve algún animal en la oscuridad, se abalanza sobre él con sus patas extendidas.

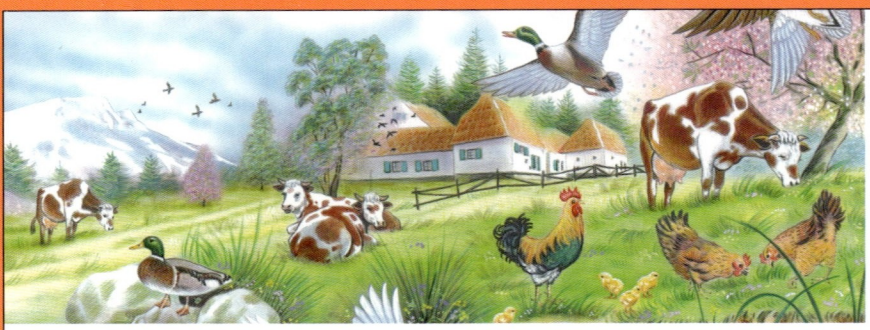

CANTABRIA

Se sitúa al norte de España y está bañada por el mar Cantábrico, que dibuja en su costa bellas playas y acantilados. En el interior montañoso se encuentran los Picos de Europa, una de las formaciones más relevantes de nuestra geografía. La dureza de los inviernos de esta zona hace que solo los pasiegos –pastores cántabros– sean capaces de aislarse en las cabañas de la montaña para cuidar del ganado.

Caballa

La caballa española mide, como máximo, 50 cm y tiene un brillante lomo azul verdoso con manchas negras.
Se pesca durante todo el año y aporta mucha energía a nuestra dieta.

Caballa

Turismo

Bonito

Turismo

Santander

Bosques

Vides

Zorro

Oveja

Vacas

2648
Peña Cerredo

Montañismo

2536
Peña Prieta

Montañismo

Gallina

Vacas

2006
Pta. Labra

Madera

Las manadas de lobos

Los lobos viven en manadas y marcan con aullidos su territorio. Tienen el sentido del olfato muy desarrollado.

DATOS Y CURIOSIDADES

Grandes ciudades
Santander

Superficie
Total: 5.321 km²
Relativa: 1,00% de España

Población
Total: 562.309 hab.
Relativa: 1,27% de España

Bosques

Bosques

Golfo de Vizcaya

Turismo

Sardina
La sardina, que se caracteriza por poseer un cuerpo recubierto de grandes escamas, forma abundantes bancos en las capas superficiales de las aguas costeras.

Sardina

San Sebastián

Bosques

Baracaldo — Bilbao

Irún

Gallina

Éibar

Vacas

Caballo

Vacas

Corderos

Bosques

Montañismo

Vacas

Vitoria

Montañismo

Ebro

Madera

Vides

El salmón vuelve siempre
Nace en los cristalinos ríos de montaña. La larva, cuando sale del huevo, se deja llevar por la corriente y crece en su camino hacia el océano. El salmón adulto volverá a remontar el río a contracorriente para poner sus propios huevos y luego morir.

Vides

DATOS Y CURIOSIDADES

Grandes ciudades
Vitoria, Bilbao, San Sebastián, Baracaldo, Irún

Ríos importantes
Ebro

Superficie
Total: 7.234 km^2
Relativa: 1,40% de España

Población
Total: 2.124.846 hab.
Relativa: 4,82% de España

Vides

Bosques

PAÍS VASCO

El paisaje del País Vasco es en su mayor parte verde y montañoso. Tan solo la zona de Vitoria forma una llanura. La costa es muy accidentada, con altos acantilados. Mientras que en las laderas de las montañas abundan los bosques, en las llanuras los pastos sirven de alimento para el ganado. La industria se concentra en torno a Bilbao, y la ciudad de San Sebastián es famosa por su Festival Internacional de Cine. Las lenguas oficiales son el castellano y el euskera.

El zorro
De pelaje rojizo, el zorro es un cazador nocturno y solitario. Tiene un olfato muy fino. Habita en bosques y páramos, e incluso en las afueras de ciudades y pueblos. Su alimento favorito son los roedores y las gallinas.

2648
Peña Cerredo

Cordillera Cantábrica

2417
Peña Ubiña

2117
Catoute

E. del Porma

E. de Riaño

2536
Peña Prieta

2006
Pta. Labra

E. de Camporredondo

Bosques

Ebro

Ponferrada

Montes de León

León

Zorro

Miranda de Ebro

Oca

2124
Peña Trevinca

2185
Teleno

Sierra de la Cabrera

Sil

Esla

Bosques

Agricultura

Burgos

Carrión

Pisuerga

Arlanzón

2131
San Millán
Sierra de la Demanda

E. de Cernadilla

Tera

Palencia

Cerámica

2228
Sierra

Burro

Vides

Oveja

Embalse de Ricóbayo

Toro

Zamora

Corderos

Duero

Valladolid

Duero

Aceite

Duero

Embalse de Almendra

Agricultura

Vides

Cerámica

Tormes

Caballo

Vides

Salamanca

Segovia

Encina

1732
Peña de Francia

Cerdo

Vacas

Ávila

Sistema Central

2430
Peñalara

1492

Sierra de Gata

E. de Gabriel y Galán

Sierra de Ávila

Alberche

Zorro

2425

Sierra de Gredos

2592
Almanzor

Cabra

El burrito

Hace años era el animal de carga más utilizado en España, ya que necesitaba menos comida que un caballo y tenía más fuerza. En la actualidad es una especie protegida.

CASTILLA Y LEÓN

Es la comunidad de mayor superficie (ocupa casi un 20% del total de España), y todo su territorio se encuentra rodeado de montañas. A pesar de su gran tamaño, tiene una baja densidad de población, ya que sus inmensos campos son poco rentables para el cultivo y la población ha ido trasladándose paulatinamente a las ciudades. Aun así, en las extensas llanuras castellanas se sigue cultivando el cereal y la vid, gracias al agua que proporciona a esta comunidad el río Duero.

Vides

DATOS Y CURIOSIDADES

Grandes ciudades
Valladolid, León, Burgos, Salamanca, Palencia, Segovia, Soria, Ávila, Zamora

Ríos importantes
Duero, Tormes

Superficie
Total: 94.223 km^2
Relativa: 18,60% de España

Población
Total: 2.510.849 hab.
Relativa: 5,69% de España

2142

Soria

Pimientos

orro

La jineta

Es difícil de ver porque solo sale de noche y su piel manchada le sirve de camuflaje entre la maleza. Trepa a los árboles en busca de insectos, frutos y pájaros.

Atún
Su tamaño, de hasta 2 m de largo, no le impide alcanzar velocidades cercanas a los 70 km/h y recorrer grandes distancias. Su carne rosácea es muy apreciada.

Pesca

Turismo

Cabo de Peñas

Navia

Minería

Avilés

Gijón

Atún

Oviedo

Oso pardo

Vacas

Caballa

Oso pardo

Nalón

Lobo

Montañismo

Vacas

Caballo

Picos de Europa

2648
Peña Cerredo

C o r d i l l e r a C a n t á b r i c a

2417
Peña Ubiña

DATOS Y CURIOSIDADES

Grandes ciudades
Oviedo, Gijón

Ríos importantes
Navia, Nalón

Superficie
Total: 10.604 km^2
Relativa: 2,10% de España

Población
Total: 1.076.635 hab.
Relativa: 2,44% de España

ASTURIAS

El Principado de Asturias está situado al noroeste de España. El agua del mar, al evaporarse, forma nubes que chocan contra las cercanas montañas y descargan lluvia constantemente, por eso estas tierras son tan verdes. En los altos montes de la cordillera Cantábrica aún quedan ejemplares de oso pardo. El cultivo más característico de Asturias es el manzano, de cuya fruta se obtiene la sidra.

GALICIA

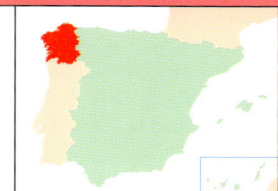

La costa gallega, dedicada a la pesca, está bañada por dos mares, el Cantábrico y el océano Atlántico, que dibujan con bravura sus acantilados y rías –entradas que forma el mar en la desembocadura de los ríos–. En el interior, las montañas, onduladas y de poca altura, forman extensos valles en los que se alimenta el ganado que más leche produce del país. Sus lenguas oficiales son el castellano y el gallego.

Vaca lechera y ternero

La vaca nos proporciona leche, y con ella se elaboran el queso y la mantequilla. El ternero es la cría de la vaca.

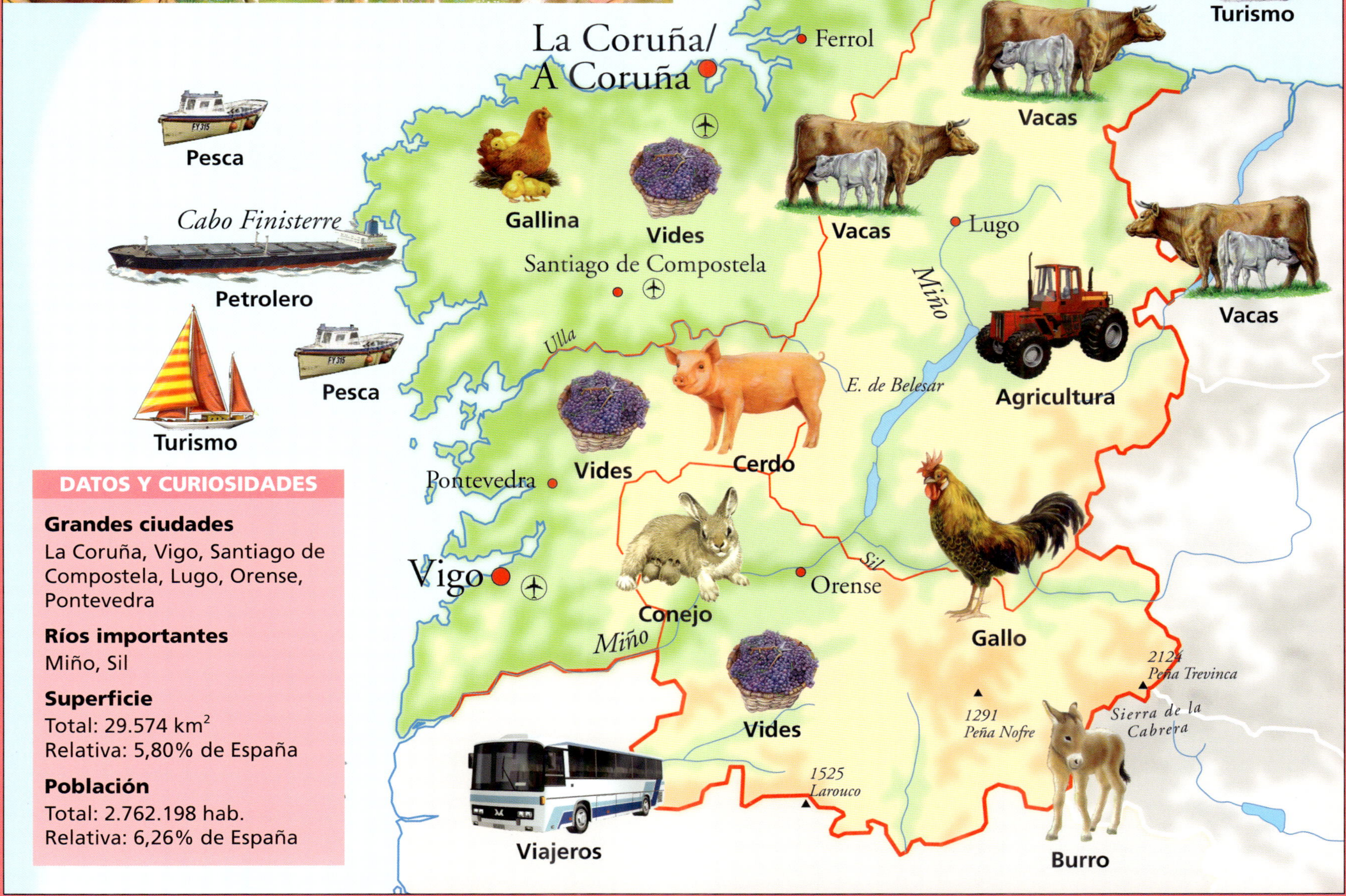

Cabo Ortegal

Punta de Estaca de Bares

Turismo

Ferrol

La Coruña/ A Coruña

Pesca

Vacas

Cabo Finisterre

Gallina

Vides

Vacas

Lugo

Petrolero

Santiago de Compostela

Miño

Pesca

Ulla

Turismo

Vacas

E. de Belesar

Agricultura

Pontevedra

Vides

Cerdo

Conejo

Sil

Orense

Vigo

Miño

Gallo

2124
Peña Trevinca

1291
Peña Nofre

Sierra de la Cabrera

Vides

1525
Larouco

Burro

Viajeros

DATOS Y CURIOSIDADES

Grandes ciudades
La Coruña, Vigo, Santiago de Compostela, Lugo, Orense, Pontevedra

Ríos importantes
Miño, Sil

Superficie
Total: 29.574 km^2
Relativa: 5,80% de España

Población
Total: 2.762.198 hab.
Relativa: 6,26% de España

CANARIAS

Situadas frente a la costa noroeste de África y bañadas por el océano Atlántico, las Canarias forman un archipiélago de 7 islas y 6 islotes. La longitud de la costa canaria (1.583 km) es superior a la del resto de las comunidades de España. Estas islas paradisíacas, que gozan de una temperatura primaveral durante todo el año, cuentan con otro atractivo turístico: los volcanes, algunos de ellos aún activos. El volcán más visitado es el Teide. Situado en la isla de Tenerife, con sus 3.718 metros es el pico más alto de España.

DATOS Y CURIOSIDADES

Grandes ciudades
Santa Cruz de Tenerife,
Las Palmas de Gran Canaria

Superficie
Total: 7.447 km²
Relativa: 1,5% de España

Población
Total: 1.968.280 hab.
Relativa: 4,46% de España

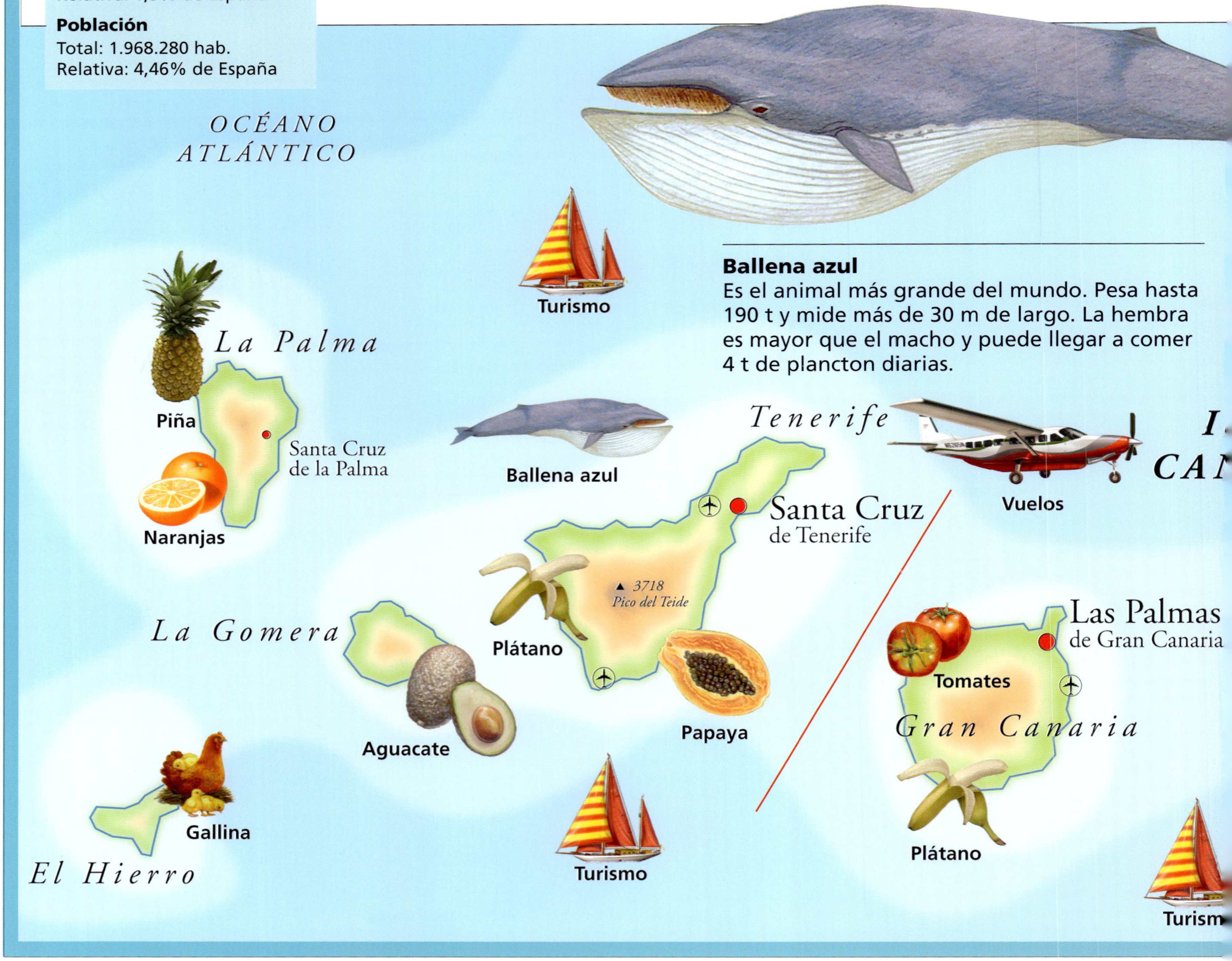

OCÉANO
ATLÁNTICO

Turismo

Ballena azul
Es el animal más grande del mundo. Pesa hasta 190 t y mide más de 30 m de largo. La hembra es mayor que el macho y puede llegar a comer 4 t de plancton diarias.

La Palma

Piña

Santa Cruz
de la Palma

Naranjas

Ballena azul

Tenerife

*I
CA*

Vuelos

La Gomera

3718
Pico del Teide

Plátano

Las Palmas
de Gran Canaria

Tomates

Aguacate

Papaya

Gran Canaria

Gallina

Plátano

El Hierro

Turismo

Turism

Tiburón

De aspecto agresivo, este pez cartilaginoso de cuerpo alargado, hocico puntiagudo y fino olfato, es un depredador ágil y voraz que se aprovecha incluso de las presas retenidas en las redes de pesca de los barcos. La carne de tiburón, blanca, sin espinas y baja en grasas, es muy apreciada en la cocina oriental.

Vides

Lanzarote

Vides

• Arrecife

Navegación aérea

A S
R I A S

Plátano

Puerto del Rosario •

Fuerteventura

Cruceros

SÁHARA
OCCIDENTAL

Pesca

Ceuta

La Ciudad Autónoma de Ceuta está situada en el norte de África. Separada de la Península tan solo por unos 15 km, se comunica con ella por mar a través del estrecho de Gibraltar. Su territorio comprende 18,5 km² y tiene más de 75.000 hab. Las viviendas están construidas en las laderas de montes y colinas, y el puerto pesquero es el corazón de una ciudad dedicada a las conservas de pescado.

Melilla

La Ciudad Autónoma de Melilla, que también se encuentra al norte de África, ha crecido mucho en los últimos años. Posee más de 65.000 hab., y su territorio, llano en la costa y ligeramente ondulado en el interior, comprende 12 km². Gracias a su puerto, que mira al Mediterráneo, los melillenses mantienen vivo el comercio de fabricación de muebles y telas, así como la industria de alimentos tales como harinas y dulces.

Monfragüe

DATOS Y CURIOSIDADES

Superficie
17.852 ha

Comunidad autónoma
Extremadura

Provincias
Cáceres

Todos los datos de estos recuadros proceden del Ministerio de Medio Ambiente (Red de Parques Nacionales).

Es el último de los parques naturales declarado parque nacional. Se encuentra al norte de la provincia de Cáceres, entre las ciudades de Cáceres, Plasencia y Trujillo. Este valle, formado por el Tajo y el Tiétar, es representante del monte y matorral mediterráneos. Es tambien el hogar de la mayor población de buitre negro que existe cn la actualidad en España. Además, anidan en la zona el águila imperial, la cigüeña negra, el buitre leonado y el águila real. El lince, el meloncillo y la nutria son los mamíferos más destacados. También abundan reptiles como la culebra bastarda y de escalera, así como el galápago leproso.

Las gaviotas
Estas aves marinas suelen permanecer cerca de la costa.

Islas Atlánticas

DATOS Y CURIOSIDADES

Superficie
8.480 ha (7.286 por mar y 1.195 por tierra)

Comunidad autónoma
Galicia

Provincias
La Coruña y Pontevedra

Situado en las rías bajas gallegas, este parque nacional está formado por un conjunto de islas rocosas e islotes que surgen del océano, en mar abierto, como por arte de magia. Son las islas de Ons, Cortegada (mayor bosque de laurel de Europa), Sálvora (en La Coruña) y las denominadas islas Cíes. El fondo de sus aguas, los acantilados y, ya en tierra, sus matorrales, dunas y playas hacen de estas islas territorios de gran belleza donde conviven en armonía gran número de especies. Destacan los grupos de delfines y las aves marinas que se alimentan de la enorme variedad de peces, moluscos y algas de la zona.

❶ Archipiélago de Sálvora

❷ Archipiélago de Cortegada

❸ Archipiélago de Ons

❹ Archipiélago de Cíes

Rutas desde la península

Km
0   2   4

PARQUES NACIONALES

ASTURIAS

CANTABRIA

Covadonga
Sames
Amieva
Camarmeña
Tielve
San Esteban
Río Urdón
Bejes
Bulnes
Sotres
Caín
Río Duje
Río Dobra
Cordiñanes
Soto de Sajambre
Los Llanos
Río Sella
Posada de Valdeón
Ribota
Soto de Valdeón
Fuente Dé
Vierdes
Oseja de Sajambre
Caldevilla
Espinama
Pío
Santa Marina
Cosgaya
Pto. Panderrueda
Pto. Pantón
Pto. Pandetrave
Pto. San Glorio

Leyenda:
- Carreteras
- Rutas
- Límite comunidades autónomas
- Ríos
- Poblaciones
- Refugio
- Hotel
- Puerto
- Mirador
- Camping
- Teleférico
- Aparcamiento
- Zona recreativa
- Información
- Edificio religioso

Km 0 4 8

Picos de Europa

DATOS Y CURIOSIDADES

Superficie
64.660 ha

Comunidades autónomas
Cantabria, Castilla y León, Asturias

Provincias
Cantabria, León y Asturias

Es el primer territorio en España considerado Parque Nacional. Al estar tan cerca del mar, posee un clima húmedo. Las constantes lluvias caen en forma de nieve en los glaciares de las altas cumbres, dando lugar a los neveros –acumulaciones de nieve durante todo el año–. El paisaje intercala altas montañas, prados, lagos y los más bellos bosques atlánticos de España, donde crecen hayas, robles, castaños y nogales, y donde tienen su hogar jabalíes, corzos, lobos y osos. Entre las aves que habitan este parque se encuentran el urogallo (ave parecida a la gallina, actualmente en peligro de extinción) y grandes rapaces como el buitre leonado y el águila real, capaces de comer presas de gran tamaño.

El oso pardo

El oso pardo es un animal solitario y nómada. Vive en bosques, oculto en la densa vegetación, y se alimenta de hierbas, bayas y pequeños mamíferos. Actualmente, en España ya solo quedan unos pocos ejemplares en la cordillera Cantábrica y en los Pirineos.

FRANCIA
PARC NACIONAL DES PYRÈNÈES

Espierba

Río Arazas

Torla

Broto

Buesa

Sarvisé

Fanlo

Buisán

Nerín

Sercué

Río Bellos

Revilla

Escuaín

Lamiana

Arinzué

Bestué

Hospital
de Tella

Puértolas

Buerba

Vió

Belsierre

Gallisué

Puyarruego

Km
0   2   4

Carreteras
Rutas
Ríos
Poblaciones
Centro de
visitantes

R Refugio
H Hotel
   Gasolinera
   Mirador

Camping
Médico
P Aparcamiento
Parador

i Información
Edificio religioso

Ordesa y Monte Perdido

DATOS Y CURIOSIDADES

Superficie
15.608 ha

Comunidad autónoma
Aragón

Provincia
Huesca

Hace millones de años este parque pirenaico no era más que una montaña rocosa muy joven. Fue el poderoso empuje del fondo de los mares el que provocó que sus rocas blandas se deformaran y las duras se rompieran. Era como una gran herida abierta en el corazón de la tierra, y así permanece este impresionante paraje, que cobija al rebeco en sus altas zonas áridas y a las ardillas, ginetas y zorros en sus bosques. Los valles se humedecen con las aguas del deshielo y éstas forman cuevas subterráneas, cascadas, barrancos y fríos ríos donde nada la trucha.

Aigües Tortes i Estany de Sant Maurici

DATOS Y CURIOSIDADES

Superficie
14.119 ha

Comunidad autónoma
Cataluña

Provincia
Lérida

El protagonista indiscutible de este parque es el agua. En él encontramos más de 200 lagos, torrentes y cascadas, con extensos ríos de cristalinas aguas donde las nutrias conviven con sapos, tritones, ranas y truchas. Desde sus altas montañas nevadas, donde los ríos dibujan caminos —meandros— a su paso, nos observa el quebrantahuesos, una especie de rapaz en peligro de extinción que vive en las grietas de la montaña. Este parque nacional está cubierto de bosques de pino, abeto, abedul y haya, y en sus prados crecen hermosísimas flores (lirios, orquídeas...).

Sapo

A pesar de lo abrupto de su medio, el sapo se desplaza hábilmente y es capaz de trepar por la piedra con gran facilidad. Suele descansar durante el día cerca del agua, escondido en el interior de grietas y pequeños resquicios existentes en las rocas. Al anochecer, sale de su refugio en busca de alimento.

Ternasco de Aragón

Es un animal exclusivo de esta zona de España, ya que es capaz de aguantar las bajas temperaturas de las montañas. Se trata de un cordero joven, cuya carne, de color rosa, es muy tierna y suave.

Coll d'Oelhacrestada
Port de Caldes
Port de Ratera
Port de Colomèrs
Collet de Contraix
Pòrt d'Espot
Riu Escrita
Ribera de Sant Nicolau
Collada de Dellui
Coll de Monestero
Coll de Fonguera
Coll de Peguera
Coll de Saburo
Erill la Vall
Taüll
Boí

N

Km
0   2   4

Carreteras
Rutas
Ríos
Poblaciones
Oficina Parque
Refugio
Puerto
Información
Aparcamiento

Tablas de Daimiel

DATOS Y CURIOSIDADES

Superficie
1.928 ha

Comunidad autónoma
Castilla-La Mancha

Provincia
Ciudad Real

Es el parque nacional más pequeño de España. Al encontrarse en un terreno llano, sin desniveles, los desbordamientos de los ríos Guadiana y Cigüela, que lo atraviesan, forman grandes charcos de agua, conocidos con el nombre de «tablas». Estas aguas tan quietas son ideales para que las aves acuáticas descansen en el transcurso de sus largos viajes y, sobre todo, pongan sus nidos. Así lo hacen garzas, garcillas, somormujos, martinetes y patos. En las aguas de las Tablas de Daimiel se encuentran, además, numerosas flores acuáticas. Las hay sumergidas (como las jopozorras), flotantes (como las lentejas de agua) y emergentes (como el junco). Pero un grave peligro amenaza a esta gran biodiversidad: la sequía. La falta de lluvia y el agua que se emplea en el riego de los cultivos afecta seriamente al volumen de las charcas.

El martín pescador
De pico largo y puntiagudo, habita en las orillas de las lagunas de España y se alimenta de peces y pequeños animales acuáticos.

Isla de Algeciras

Río Cigüela

Isla de Los Asnos

Torre de Prado Ancho

Isla del Pan

Isleta del Grillo

Isla de las Yeguas

Casa de la Duquesa

Río Guadiana

Isla Rasa

Isla de las Zarcas

Molino de Molemccho

Isla del Moreno

Madre del Guadiana

Isla de las Tres Hermanas

Isla de Olayos

Isla de Hinojos

Casa Zacatena

Presa de Puente Navarro

Molino de Puente Navarro

N

Km
0   1   2

Carreteras
Rutas
Ríos
Poblaciones
Aparcamiento

Centro de visitantes
Zona recreativa
Mirador

Laguna permanente

El Mazo
Río Pusa

Robledo del Buey

Río Estenilla

Los Alares

Río Estomiza

Río Frío

Navas de Estena
TR

Retuerta del Bullaque

Río Bullaque

Horcajo de
los Montes

Casa de Anchurones

Casa de
Palillos

Pueblo Nuevo
del Bullaque

Alcoba

Santa Quiteria

— Carreteras	H Hotel	C Casa de Voluntariado
— Rutas	Camping	V Centro de Visitantes
— Ríos	Mirador	TR Turismo Rural
O Poblaciones	+ Médico	Gasolinera
i Información		

N

Km
0   3   6

Cabañeros

DATOS Y CURIOSIDADES

Superficie
39.000 ha

Comunidad autónoma
Castilla-La Mancha

Provincias
Ciudad Real y Toledo

Es uno de los espacios protegidos más valioso de los Montes de Toledo. En Cabañeros se distinguen dos zonas: la llanura, donde se extienden grandes pastos llamados «rañas» que alimentan a un gran número de animales; y los montes, habitados por cigüeñas negras, buitres, aguiluchos y águilas reales. Este parque nacional da cobijo a alrededor de 45 especies de grandes mamíferos, como el ciervo, el jabalí y el corzo, que pasean tranquilamente entre las encinas y los alcornoques que pueblan sus bosques. Además, doscientas especies de aves sobrevuelan la zona de matorrales de jara y brezo.

Gamos
Son fácilmente reconocibles por las manchas blancas que adornan su pelaje marrón, y por sus grandes cuernos aterciopelados, que les nacen en primavera y se les caen en invierno.

Sierra Nevada

DATOS Y CURIOSIDADES

Superficie
86.208 ha

Comunidad autónoma
Andalucía

Provincias
Granada y Almería

En este parque hallamos las montañas más altas de la península Ibérica, con picos como el Mulhacén y el Veleta, que superan los 3.000 m de altura. Este paisaje escarpado es perfecto para la cabra montés, considerada la reina de la serranía, y también para el buitre leonado y el águila real. El colorido característico del parque viene dado por el verdor de los espesos bosques de laureles, pinos y helechos y por las flores naturales del narciso, la manzanilla y el cardo. Sus laderas nevadas son ideales para practicar el deporte del esquí, y el agua que proviene del deshielo de este paraje serrano es, por su contenido en minerales, una bebida muy beneficiosa para la salud.

Cabra montés

En verano, sus cortas pero fuertes patas le permiten subir montañas de más de 3.000 m en busca de prados donde comer hojas y frutos. Al llegar el otoño, desciende huyendo del frío y de la escasez de alimentos. Forma rebaños y las hembras solo paren una cría en cada parto.

Doñana

DATOS Y CURIOSIDADES

Superficie
54.252 ha

Comunidad autónoma
Andalucía

Provincias
Huelva y Sevilla

El Parque Nacional de Doñana es un gran mosaico de ecosistemas (playa, dunas, cotos, marisma…), y contiene una biodiversidad única en el mundo. Destaca sobre todo la marisma, de gran importancia como lugar de paso, cría e invernada para miles de aves europeas y africanas. En Doñana viven, además, especies en serio peligro de extinción, como el águila imperial ibérica y el lince ibérico. Por todo ello, este paraje andaluz fue declarado en 1994 Patrimonio de la Humanidad.

Carreteras	Centro de visitantes	Observatorio
Rutas	Información	Médico
Límite comunidades autónomas	Aula de naturaleza	Senderismo
Ríos	Aparcamiento	
Poblaciones	Zona inundada	Gasolinera

OCÉANO ATLÁNTICO

El Rocío
Los Mimbrales
Matalascañas
Palacio de Doñana
Casa de Brenes
Palacio de las Marismillas

Km
0 3 6

Archipiélago de Cabrera

Carreteras	Fondeo
Rutas	Fondeo prohibido
Poblaciones	Buceo
Faro	Mirador
Información	

Zona recreativa
Fondeo autorizado
Buceo
Reserva marina: navegación y fondeo prohibidos

Na Foradada
Na Pobra
Na Plana
L'Esponja
Illa dels Conills
Punta de sa Corda
Cap des Morabuti
Na Redona
Punta de Sa Cova Blava
Punta de sa Corrent
Sa Cuina del Bisbe
Cap de Llebeig
Cap Ventás
Cala Galiota
Cala des Governador
Morro d'En Tia
Cap Sa Carabassa
Cap Vermell
Punta des Burri
S'illa de ses Bledes
S'illa de ses Rates
Es Codolar de l'Imperial
Punta de N'Ensiola
L'Imperialet
L'Imperial
S'Estell Xapat
S'Estell de s'Esclata Sang
S'Estell de Coll
S'Estell de Fora

Km
0 1 2

DATOS Y CURIOSIDADES

Superficie
10.021 ha (8.703 en el mar y 1.318 en la tierra)

Comunidad autónoma
Islas Baleares

Provincia
Islas Baleares

El Archipiélago de Cabrera constituye el mejor exponente de ecosistemas insulares no alterados del Mediterráneo español. Está formado por islas e islotes de formas irregulares, donde hacen sus nidos los halcones y descansan de sus viajes las gaviotas. Es habitual la presencia de delfines, y las grandes praderas de algas (posidonia) ofrecen refugio y alimento a muchas especies de peces más.

Teide

DATOS Y CURIOSIDADES

Superficie
18.990 ha

Comunidad autónoma
Canarias

Isla
Tenerife

El Teide, volcán situado en el centro de la isla de Tenerife, da nombre a este parque. La belleza del paisaje reside en las caprichosas formas dejadas por la lava y en los colores de las flores que crecen en este singular terreno. Reptiles como el lagarto tizón, aves como el gavilán y mamíferos como el murciélago conviven con cerca de 700 especies de insectos, algunos de ellos únicos en el mundo.

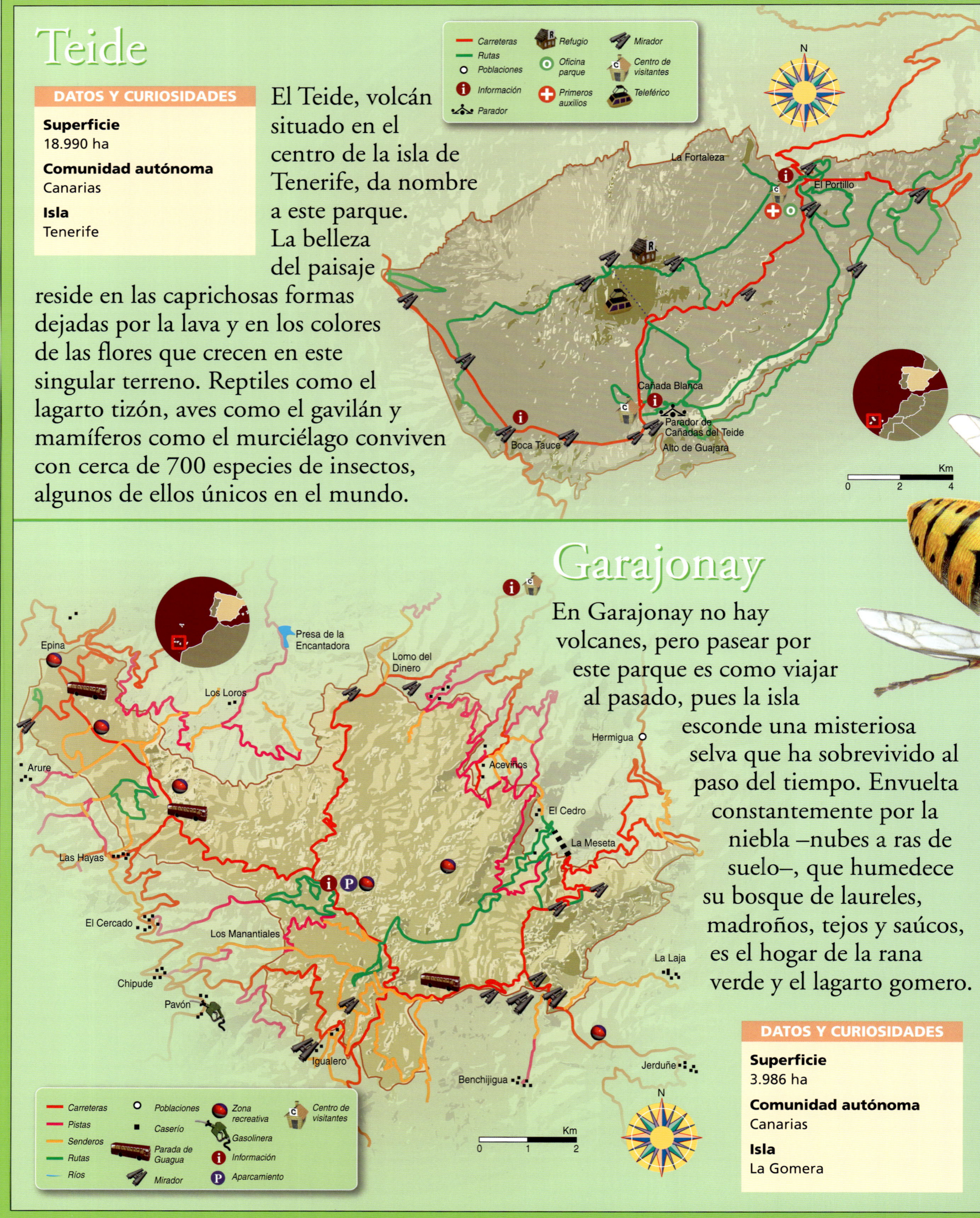

Leyenda:
- Carreteras
- Rutas
- Poblaciones
- Información
- Parador
- Refugio
- Oficina parque
- Primeros auxilios
- Mirador
- Centro de visitantes
- Teleférico

Etiquetas del mapa del Teide: La Fortaleza, El Portillo, Cañada Blanca, Boca Tauce, Parador de Cañadas del Teide, Alto de Guajara

Garajonay

En Garajonay no hay volcanes, pero pasear por este parque es como viajar al pasado, pues la isla esconde una misteriosa selva que ha sobrevivido al paso del tiempo. Envuelta constantemente por la niebla —nubes a ras de suelo—, que humedece su bosque de laureles, madroños, tejos y saúcos, es el hogar de la rana verde y el lagarto gomero.

DATOS Y CURIOSIDADES

Superficie
3.986 ha

Comunidad autónoma
Canarias

Isla
La Gomera

Etiquetas del mapa de Garajonay: Epina, Los Loros, Arure, Las Hayas, El Cercado, Chipude, Pavón, Igualero, Los Manantiales, Presa de la Encantadora, Lomo del Dinero, Hermigua, Aceviños, El Cedro, La Meseta, La Laja, Benchijigua, Jerduñe

Leyenda:
- Carreteras
- Pistas
- Senderos
- Rutas
- Ríos
- Poblaciones
- Caserío
- Parada de Guagua
- Mirador
- Zona recreativa
- Gasolinera
- Información
- Aparcamiento
- Centro de visitantes

Caldera de Taburiente

DATOS Y CURIOSIDADES

Superficie
4.690 ha

Comunidad autónoma
Canarias

Isla
La Palma

Lo más característico de este parque es el circo de 8 km de diámetro en forma de caldera situado en el centro de la isla. Rodeado de montañas, el inmenso cráter ha ido formándose a lo largo de los siglos gracias a la acción erosiva del agua. Una amplia red de arroyos, riachuelos, torrentes y cascadas recorren la isla, que cuenta con una espesa vegetación, entre la que cabe resaltar el pino canario, muy resistente al fuego. En la fauna de la zona destacan artrópodos como la araña lobo y la temida escolopendra.

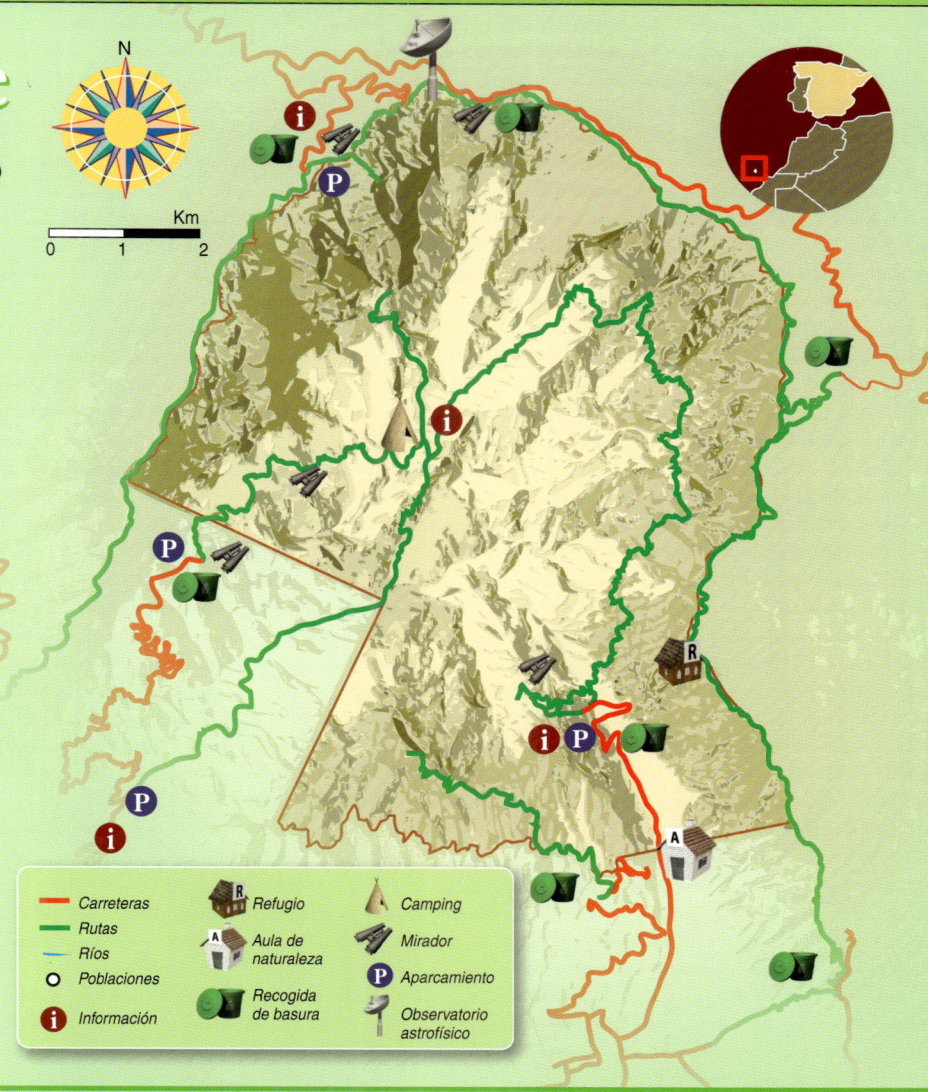

Carreteras	Refugio	Camping	
Rutas	Aula de naturaleza	Mirador	
Ríos		Aparcamiento	
Poblaciones	Recogida de basura	Observatorio astrofísico	
Información			

Timanfaya

Este parque fue creado para proteger el desolador pero atractivo paisaje que quedó tras las erupciones volcánicas acaecidas entre 1730 y 1736 en la isla de Lanzarote. Los tonos grises y negros de la arena contrastan con el azul del mar y el verde de los líquenes y musgos que se abren paso en una tierra que, aunque no lo parezca, está viva.

Playa de la Madera

Playa del Cochino

El Golfo

Echadero de los Camellos

Carreteras	Médico	Museo	
Rutas en guagua	Hotel	Aparcamiento	
Rutas a pie	Gasolinera	Información	
Ríos	Mirador	Centro de visitantes	
Poblaciones			

DATOS Y CURIOSIDADES

Superficie
5.107 ha

Comunidad autónoma
Canarias

Isla
Lanzarote

Navegación aérea

Turismo

La Coruña/ A Coruña
Ferrol

Turismo

Minería

Cabo Ortegal
Punta de Estaca de Bares

Cabo de Peñas

Atún

Avilés

Gijón

Cabo Finisterre

Pesca

Petrolero

Gallina

Vacas

Lugo

Oviedo

Nalón

Lobo

Picos de Europa
2648

Santiago de Compostela

Navegación aérea

Ulla

Miño

Vacas

Cordillera

2417 Peña Ubiña

E. del E. de Porma Riaño

Cantáb

Pesca

Pontevedra

Vides

Agricultura

Ponferrada

2117 Catoute

Montes de León

2124 Peña Trevinca

León

E. Campom

Turismo

Vigo

Orense

Miño

Sil

Vides

1291 Peña Nofre

2185 Teleno

Sierra de la Cabrera

Esla

Carrión

Zorro

OCÉANO ATLÁNTICO

Pesca

Viajeros

1525 Larouco

E. de Cernadilla

Tera

Bosques

Oveja

Agric

Palencia

Atún

Navegación aérea

Oporto

Duero

Turismo

Perro

Aceite

Duero

Toro

Zamora

Embalse de Ricóbayo

Embalse de Almendra

Vides

Tormes

Valladol

Agricultura

Vide

Gallo

Zorro

Encina

Vides

Salamanca

Cerdo

Peña de Francia 1732

Vacas

Ávila

1492 Sierra de Gata

E. de Gabriel y Galán

Sierra de Ávila

Sistem

Alberche

M

PORTUGAL

Erjes

2425 S Sierra de G
Almanzor 2592

Cabra

Alberche

E. de Valdeobispo

Plasencia

dos

Tajo

Tajo

Turismo

Encina

E. de Alcántara

Tajo

Conejo

E. de Valdecañas

Encina

Encin

Lisboa

Viajeros

Encina

Lince

Cáceres

Cerdo

Vides

Toro

Embalse de Cijara

Guadiana

Encina

Badajoz

Mérida

Don Benito

Guadiana

Aceite

Embalse del Zújar

Oveja

Lince

Ciudad Re

Puerto

Petrolero

Conejo

Vides

Turismo

Conejo

Aceite

Zorro

Agricultura

Zújar

Sierra More

Mercancías

Encina

Aceite

Bembézar

E. de Puente Nuevo

Aceite

Guadalmez

Guadiana

Córdoba

Refinería de petróleo

Cerdo

Aceite

Toro

E. de Bembézar

Guadalquivir

Turism

Écija

Pesca

Huelva

Costa de la Luz

Guadiamar

Sevilla

Agricultura

Conejo

E. de Izndjar

Aceite

Sardina

Gamba

Sanlúcar de Barrameda

Utrera

Morón de la Frontera

Vides

Antequera

Sistem

Aceit

Golfo de Cádiz

El Puerto de Santa María

Turismo

Jerez de la Frontera

E. de Bornos

1654 Pinar

Guadalete

Serranía de Ronda

Málaga

Vides

Cádiz

San Fernando

1919 Torrecilla

Costa

Atún

Algeciras

La Línea

Sardina

Delfines

Cabo Trafalgar

Tarifa

Gibraltar (R.U.)

Estrecho de Gibraltar

MAR DE

Turismo

Petrolero

Atún

Ceuta (España)

Tánger MARRUECOS

Sardina

Tiburón